ENRICA GUGLIOTTA

POEMYS

Youcanprint *Self-Publishing*

Titolo | Poemys
Autore | Enrica Gugliotta
ISBN | 978-88-91191-00-7

Youcanprint Self-Publishing
Via Roma, 73 – 73039 Tricase (LE) – Italy
www.youcanprint.it
info@youcanprint.it
Facebook: facebook.com/youcanprint.it
Twitter: twitter.com/youcanprintit

Enrica Gugliotta
Photopoemys
8 Raccolta di poesie

Dedico questa raccolta
di poesie alla mia insegnante
di vita

ODIO :

ODIO QUESTO GIORNO
BUIO TETRO DI SOLA MALINCONIA
IN CUI IL DOLCE FAR NIENTE MI OPPRIME E
MI DISTRUGGE
LENTAMENTE
MA PER NON PENSARE
A QUESTA IMMENSA OSCURITÀ'
CHIUDO GLI OCCHI
E ATTENDO LA LUCE !

IL TEMPO:

IL TEMPO E' LO SPAZIO
D'UN SECONDO
UNA FOLATA DI VENTO
UN 'ONDA INFRANTA
SULLA RIVA DEL MARE
UNA PAROLA UN SUONO ED E1 GIÀ1 FUTURO

LA CITTA' :

CIELO BIANCO
IN QUESTO TARDO POMERIGGIO
DI PRIMAVERA
SUONI CHE DISTURBANO
LA MIA MENTE PERSONE
CHE CAMMINANO
PER LE STRADE LE UNE INDIFFERENTI
ALLE ALTRE
OGNUNO CON UNA PROPRIA SOFFERENZA
QUESTA E' LA CITTA'
GRIGIO SU GRIGIO   SOLO TU SOLO
IN QUESTA CITTA' PIENA DI GENTE
MA VUOTA DI VOLTI AMICI

LA LUCE :

STO TOCCANDO IL FONDO
LA LUCE LA INTRAVEDO
DA UN PICCOLO SPIRAGLIO
E' UNA LUCE SOFFUSA FIOCA
QUASI INESISTENTE
GRAZIE A QUESTA PICCOLA
FENDITURA POSSO CONTEMPLARLA
E LEI MI DA LA FORZA
DI ESISTERE !

PIANGERE :

COM'E' BELLO PIANGERE
QUANDO IL SOLE E' ORMAI TRAMONTATO
E LA LUNA ILLUMINA I TUOI OCCHI
COLMI DI LACRIME
PIANGI OGNI SERA
MA NON APPENA SORGERÀ' IL SOLE
CONSERVA LE TUE LACRIME PER LA LUNA
E MOSTRATI FELICE
IN QUESTO MONDO DI MASCHERE !

VORREI :

VORREI SCOLPIRE
IL TEMPO MA IL TEMPO
E' ACQUA E L'ACQUA SCORRE TRA LE DITA
COME IL VENTO TRA I CAPELLI
IL TEMPO INVECCHIA I NOSTRI CORPI
IL TEMPO E' CRUDELE

MIA VITA :

PROPRIO OGGI
UN QUALSIASI GIORNO
DI FEBBRAIO DI VENTO E PIOGGIA
HO PENSATO A TE
MIA VITA....

LA VITA :

IL FILO S'E DISBROGLIATO
HO DOVUTO
ANNODARLO
PER NON RISCHIARE
DI INCAPPARE
NEL SUO LUNGO GROVIGLIO
LA VITA

NAUFREGHI :

E' TORNATO L'INCUBO TORMENTOSO DI SEMPRE
UN LAMPO UN TUONO AL CIEL SERENO
LA MAREA HA PORTATO VIA
ANCHE L'ULTIMO GRANELLO DI SABBIA
I NAUFRAGHI SBATTUTI
CONTRO GLI SCOGLI
DA CAVALLONI INSORMONTABILI
NAUFRAGHI EMERSI DALLE ACQUE IMPETUOSE
LEVARSI IN VOLO
PER LA VICINA PRODA

FOGLIE D'AUTUNNO :

FOLATE DI VENTO
VIOLINI IMPAZZITI SCROSCIO DI FOGLIE
SECCHE INGIALLITE INVECCHIATE
CALPESTATE DA PIEDI
DI GIGANTI CAMMINATORI
BUFERA...
FOGLIE MORTE
GLI ALBERI NO
A PRIMAVERA RIFIORIRANNO

I MILLE ELEFANTI :

TETRI GIORNI MIEI
SENZA UN DOMANI
IERI SI IERI HO VINTO!
OGGI SONO PERENNEMENTE INSICURA
DI RIUSCIRE A TRIONFARE
A RIPRENDERE LA VITA LA MIA VITA
TRA LE MANI
SONO SCHIACCIATA DA MILLE ELEFANTI
NON RIESCO A MUOVERMI
VORREI RIALZARMI E CAVALCARE
I MILLE ELEFANTI CHE HO SULLA SCHIENA
E GRIDARE HO VINTO !

DIETRO GLI ARMADI :

TROPPA POLVERE DA SOLLEVARE
TROPPO RICORDI
TROPPI ANNI
DIETRO GLI ARMADI
MA DAVANTI HO SOLO QUESTO SPAZIO
TUTTO MIO
DOMANI CI SARANNO ALTRI LUOGHI
ALTRI ARMADI NON QUI
DOMANI SARÒ' ALTROVE !

AVREMO:

AVREMO FIGLI
DA CRESCERE
DA ALLATTARE
DA SCALDARE
E NINNARE
PER LUNGHE NOTTI
ILLUMINATE DA UNA PALLIDA LUNA
E DA UN CIELO BRILLANTE DI STELLE!

DESIDERIO DI MATERNITÀ :

TU DONNA CHE DESIDERI INTENSAMENTE
DIVENTAR MADRE
ORA CHE SEI IN DOLCE ATTESA!
SOGNI AD OCCHI APERTI
IL VOLTO DEL TUO BAMBINO
DOMANI NASCERA'
E TU PIANGERAI DI GIOIA
NEL SENTIR PER LA PRIMA VOLTA
IL PIANTO DELLA CREATURA
CHE HAI PORTATO
IN GREMBO PER NOVE MESI

DIVINA POESIA:

GRAZIE A TE!
DIVINA POESIA
HO RIVISTO LA LUCE
HO SCRITTO VERSI
DAL GIORNO DELLA MIA NASCITA!
LA MIA VITA E' STATA UN GRAN POEMA
HO ATTRAVERSATO L'INFERNO DANTESCO
OGNI SUO GIRONE
CON LA GUIDA DEL MIO GRANDE MAESTRO ARSENIO!

MI SONO INCAMMINATA
SULLE COLLINE DEL PURGATORIO
HO CAMMINATO ORE GIORNI
SENZA MAI FERMARMI
E FINALMENTE SONO GIUNTA
DAVANTI ALLA GRANDE PORTA DEL PARADISO!
LA LUCE CHE SI DIFFONDEVA ERA QUASI
ACCECANTE
MA IL MIO MAESTRO MAI M'HA ABBANDONATO
ED ORA GRAZIE A LUI SONO RIUSCITA
AD ARRIVARE COSI' IN ALTO CHE QUASI MI PAR DI
VOLARE
E SENTO OGNI GIORNO IN ME I VERSI DEI PIÙ'
GRANDI POETI
CHE QUASI VORREI SCRIVERE LA MIA VITA
COME UNA NUOVA DIVINA COMMEDIA!
SONO RISORTA GRAZIE ALLA MIA AMATA POESIA E
AL MIO MAESTRO

I GIORNI :

I GIORNI
SI INTRECCIANO
NEL LUNGO CAMMINO DELLA VITA

IL FUOCO E' GIÀ' ACCESO :

(RICORDI FRIULANI)

IL FUOCO E' GIÀ' ACCESO
E LA TAVERNA E' CALDA E ACCOGLIENTE
COME OGNI SERA SI MANGIA
SEDUTI AL GRANDE TAVOLO IN LEGNO
SI BEVE VINO E SI MANGIANO
LE CASTAGNE ARROSTITE SUL FUOCO
I BAMBINI VICINI AL CAMINO
ASCOLTANO I VECCHI RACCONTI D'UN TEMPO
FUORI LE PRIME PRIMULE
E LA PRIMA NEVE !

I VERSI:

I VERSI MIGLIORI
NASCONO DOPO LA TEMPESTA
QUANDO IL MARE SI CHETA
E FINALMENTE IL VENTO TACE

IL SOLE :

IL SOLE SPACCHERÀ
ANCORA LE PIETRE RUGOSE
SULLA GRANDE SPIAGGIA DESERTA
BRUCIERA' I NOSTRI VISI
SCALDERÀ' I NOSTRI CUORI
E LA LUCE IRROMPERÀ'
PIÙ' PREPOTENTE CHE MAI
E SPEZZERÀ' QUESTO IMMENSO BUIO

27 GENNAIO :

CORPI STREMATI
MARTORIATI
CHE AL PRIMO ALITO   DI VENTO
CADONO A TERRA
COME FOGLIE MORTE...
27 GENNAIO 1945
FINALMENTE LIBERI !
PER NON DIMENTICARE
QUELLO CHE E' STATO
27 GENNAIO
PER NON DIMENTICARE
PER RICORDARE
CIO' CHE E' STATO !

LA STELLA DI DAVID:

UNA STELLA GIALLA
CUCITA SUL TUO PETTO
PER RICONOSCERTI
LA STELLA GIALLA DI DAVID
SEI EBREO
E I TEDESCHI
TI VOGLIONO ANNIENTARE...
SCAPPA FUGGI
VIA LONTANO E NON TORNARE
UNA STELLA GIALLA COME IL SOLE
CHE BRILLA NEL CIELO
TERSO D'INVERNO
NEL CIELO BLU DI BERLINO !

PER ANNA FRANK :

ERI SOLO UNA BAMBINA
IL TUO SOGNO
ERA DIVENTARE
UNA SCRITTRICE!
IL TUO DIARIO
E' CONOSCIUTO
IN TUTTO IL MONDO
ERI SOLO UNA BAMBINA...
AVEVI ANCORA VOGLIA
DI GIOCARE CORRERE GRIDARE...
E CANTARE...
INVECE DOVEVI STARE IN SILENZIO FERMA AL BUIO
NELLA PICCOLA SOFFITTA DOVE NESSUNO
AVREBBE POTUTO TROVARTI
ERI SOLO UNA BAMBINA
ORA SEI UN PICCOLO ANGELO!

PER NON DIMENTICARE :

CORPI AMMASSATI E STANCHI
SUL LUNGO TRENO
VERSO LA MORTE...
BAMBINI, VECCHI, DONNE, E UOMINI
SENZA VOLTO, ETÀ, E NOME
PALPEBRE CHIUSE FORSE SOGNANO
DI ADDORMENTARSI PER SEMPRE...
E IL TRENO DELLA MORTE E' ARRIVATO
A DESTINAZIONE
NEL CAMPO DELL'ORRORE
DONNE RASATE
CORPI SCHELETRICI
E PALLIDI CAMMINANO O FORSE SONO GIÀ' MORTI
UOMINI E DONNE
SENZA PIÙ' NOME...
PER NON DIMENTICARE!

ENIGMA :

ESSENZA VITA PRESENZA
TORMENTO STORDIMENTO
SENSO ESSENZA
VITA PAROLE
RUMORI SUONI
EMOZIONI ODORI
TEMPO RELAX
SOGNI INCUBI
BATTICUORE
RUMORE
A VOLTE SI VIVE A VOLTE SI MUORE
TRA' RELATA' E SOGNO
IO VIVO

ESSENZA:

ESSENZA PERSISTENZA PENSIERO COSTANTE
SENZA FINE
ESSENZA DEI MIEI GIORNI
DOLCE MELODIA
COME LE ONDE LE TUE PAROLE
ARRIVANO AL MIO CUORE
ESSENZA PRESENZA ASSENZA
ESSENZA DEI MIEI GIORNI!

DONNE :

DONNE DESIDERATE
AMATE VIOLENTATE
E IL SANGUE ROSSO SCORRE
E IL SILENZIO INFINITAMENTE GRIDA

AMORE MIO :

CAMMINARE MANO NELLA MANO, E SENTIRSI QUASI
VOLARE!
SEDERSI AL BUIO SU UNA PACHINA, IO E TE ...
AMORE MIO! TU CHE TI SIEDI SULLE MIE GAMBE E
MI SUSSURRI ALL'ORECCHIO...
TI DO FASTIDIO ?
E POI LA TUA GUANCIA SULLA MIA...
UN CALORE MI PERVADE E INFINITI BRIVIDI PER
TUTTO IL CORPO S'ACCENDONO
COME SCINTILLE IMPAZZITE...NELLA NOTTE BUIA
CHE SENSANZIONE MORBIDA E CALDA CHE E' L'
AMORE VERO, L'AMORE PURO !
MA QUANTO T'AMO AMORE MIO
IL TUO PROFUMO MI INEBRIA ,M'UBRIACA...SEI LA
COSA PIÙ' BELLA CHE NELLA VITA
POTESSE
CAPITARMI!
IL TUO VISO ,SUL MIO VISO , MORBIDO E
PROFUMATO...POI MI SVEGLIO
MA SULLA MIA PELLE RIMANE ANCORA IL TUO
DOLCE PROFUMO
COME UN TATUAGGIO PER SEMPRE INDELEBILE
SULLA MIA PELLE
OGGI TI DARÒ' UN BACINO SULLA TUA GUANCIA
MORBIDA T'ABBRACCIERO'...SARO'
PERVASA
DAL TUO PROFUMO ....SFIORERÒ' IL TUO CORPO COSI'
MORBIDO E SE AVRAI FREDDO
TI SCALDERÒ' CON UN DOLCE ABBRACCIO
PERCHE' TU AMOR MIO SEI LA PERFEZIONE TRA
L'AMORE E L'AMICIZIA HO LE GUANCE
ANCOR PERVASE DAL TUO CALORE
INASPETTATAMENTE

MI HAI CHIESTO TI DO FASTIDIO ? E POI IL TUO
CORPO CALDO SI E' STRETTO AL MIO IN UN DOLCE
ABBRACCIO INFINITO
 T'AMO COSI' TANTO DA SENTIRE I NOSTRI
CORPI UNIRSI IN UN DOLCE ORGASMO
AHHHHH AMOR MIO MI FAI IMPAZZIRE DI GIOIA ...I
NOSTRI CORPI VESTITI
MA COME NUDI GIACIONO E S'AMANO ...
E S'AMERANNO PER L'ETERNITÀ'
PERCHE' L'AMORE E' VIVERE
L'AMORE E' DONARSI ACCAREZZARSI
SFIORARSI,ACCETTARSI,ANCHE CON UNA RUGA
IN PIÙ'
HO VISTO LE STELLE BRILLARE
HO SENTITO I NOSTRI CUORI BATTERE ALL'UNISONO
COME UNA DOLCE CANZONE ED IO CANTO

....

PER TE I MIEI VERSI, ED IO T'AMO ....
COME MAI IN VITA MIA, HO MAI AMATO NESSUNO ...
IL TUO NOME E' SCRITTO NEL MIO CUORE A LETTERE
DI FUOCO !!!! T'ASPETTO ANCORA TRA LE MIE
BRACCIA NEI MIEI SOGNI PICCOLO GIOIELLO
PREZIOSO !!

AD ALDA MERINI :

ALDA RIMARRAI PER SEMPRE NEI NOSTRI CUORI
I TUOI OCCHI TRASPARENTI E CRISTALLINI
SAPEVANO PARLARE AL MONDO
E' STATO BELLO INCONTRARE I TUOI OCCHI
ANCHE PER UN ATTIMO
HO VISTO IN FONDO AL TUO CUORE UN CUORE PURO
E SINCERO
UNA DONNA UNA MADRE CHE HA VISTO LA
SOFFERENZA
E HA SENTITO LA MANCANZA DELLE SUE BAMBINE
STACCARSI DA LORO E' STATO TERRIBILE SOLO UNA
MADRE
PUÒ' CAPIRE IL DOLORE ATROCE CHE HAI PROVATO
SOLA TRA QUELLE MURA DEL MANICOMIO SENZA
FORZE
QUANTE VOLTE AVRESTI VOLUTO SCAPPARE DA
LORO E PRENDERLE IN BRACCIO....
MA LA MALATTIA TI PRENDE E SI IMPOSSESSA DI TE
COME IL DIAVOLO DELLA TUA ANIMA
MA ORA GLI ANGELI CANTANO ALL'UNISONO CON TE
I TUOI VERSI
E TUTTI NOI T'ASCOLTIAMO E SARAI PER SEMPRE
NEI NOSTRI CUORI
ALDA!

ALDA UNA PICCOLA APE FURIBONDA :

OCCHI COLOR DEL MARE
TRASPARENTI E CRISTALLINI
PROFONDI ED IMMENSI
DOLCI ED INTENSI
OCCHI CHE SAPEVANO PARLARE
ALDA
IL NOBEL TI HA SFIORATA
IL PREMIO MONTALE HAI VINTO !
L'AMBROGINO E' TUO
UNA PICCOLA APE FURIBONDA CHE ..

SI POSAVA LEGGERA COME UNA FARFALLA

SUI FIORI PROFUMATI DI PRIMAVERA

PER SUCCHIARE IL NETTARE DELLA VITA !
PER CREARE POESIE
VERSI MAGNIFICI CHE TI ENTRANO NEL CUORE
ALDA VOLA NEL CIELO
E CONTINUA A CANTARE PER NOI
I TUOI DOLCI VERSI !

LA POETESSA DEI NAVIGLI:

LE TUE POESIE
RISUONANO
ANCORA PER I NAVIGLI
COME UNA DOLCE E TRISTE MELODIA
I TUOI VERSI CANTERANNO
IN ETERNO PER VOI !!

Finito di stampare nel mese di Giugno 2015
per conto di Youcanprint *Self-Publishing*